Direction de la publication :
Isabelle Jeuge-Maynart et **Ghislaine Stora**
Direction éditoriale : **Catherine Delprat**
Édition : **Marie Gazagne**
Lecture-correction : **Erwann Lepoittevin**
Direction artistique : **Emmanuel Chaspoul**,
assisté d'**Anna Bardon**
Mise en page : **Les PAOistes**
Couverture : **Véronique Laporte**
Fabrication : **Anne Raynaud**

Crédits photographiques : Ph. © Arioko. / Damman : 10, 16, 23, 27 ; / De Meester : 55 ; / Heuze : 53 ; / Labat/Rouquette : 63, 75 ; / Lanceau : 33 ; / Rocher : 25. Ph. © Fotolia. / Carlos Restrepo : 79 ; / Dogs : 51 ; / Mara Zemgaliete : 71 ; / Moyseeva Irina : 91 ; / Paul Shlykov : 77. Ph. © J.-L. Klein & M.-L. Hubert : 31, 39, 41, 43, 49, 57, 61, 65, 69, 73, 83, 85, 87, 89. Ph. © Scope-image. / Imagebroker : 35, 45, 47 ; / United-Pictures : 29. Ph. © Thinkstock, coll. : iStockphoto : gardes, 12, 13, 15, 19, 21, 37, 59, 81 ; coll. Hemera : 8 ; coll. Lifesize : 9.

© **LAROUSSE 2013**
ISBN 978-2-03-587882-3

Photogravure Irilys
Imprimé en Italie par L. E. G. O. S. p. A., Vicenza
Dépôt légal : avril 2013
310469/01-11020577 – mars 2013

Pour les éditions Larousse, le principe est d'utiliser des papiers composés de fibres naturelles, renouvelables, recyclables et fabriquées à partir de bois issus de forêts qui adoptent un système d'aménagement durable. En outre, les éditions Larousse attendent de leurs fournisseurs de papier qu'ils s'inscrivent dans une démarche de certification environnementale reconnue.

Toute reproduction ou représentation intégrale ou partielle, par quelque procédé que ce soit, du texte et/ou de la nomenclature contenus dans le présent ouvrage, et qui sont la propriété de l'Éditeur, est strictement interdite.

LES MINI  LAROUSSE

Les plus belles races
de CHIENS

Brigitte Bulard-Cordeau

21 rue du Montparnasse 75283 Paris Cedex 06

Sommaire

> Bien accueillir votre chien 8
> La législation 10
> La santé : bien nourrir votre chien 12
> La santé : prévenir les maladies 14
> La santé : lutter contre les parasites 16
> Votre chien au quotidien 18
> **Les groupes** 20
> **Les plus belles races** 22

Le Basset Hound 22
Le Beauceron 24
Le Bichon maltais 26
Le Border Collie 28
Le Bouledogue français 30
Le Caniche 32
Le Cavalier King Charles 34
Le Chihuahua 36
Le Cocker Spaniel 38
Le Colley 40
Le Coton de Tuléar 42
Le Dalmatien 44
Le Dogue allemand 46
L'Épagneul nain continental 48

Le Fox-Terrier	50
Le Golden Retriever	52
L'Irish Wolfhound	54
Le Jack Russell	56
Le Labrador	58
Le Leonberg	60
Le Lévrier afghan	62
Le Lhassa Apso	64
Le Pinscher nain	66
Le Saint-Bernard	68
Le Schnauzer	70
Le Scottish Terrier	72
Le Shar Peï	74
Le Shetland	76
Le Shih-Tzu	78
Le Siberian Husky	80
Le Spitz	82
Le Teckel	84
Le Welsh Corgi	86
Le Westie	88
Le Yorkshire	90
> Questions/réponses	92

Bien accueillir votre chien

Dès son arrivée à la maison, le chien dispose de son équipement complet pour manger, dormir, jouer, sortir.

LES SIESTES
Il possède sa **corbeille** qui lui sert autant la nuit que dans la journée pour les siestes. Elle peut être en osier ou en tissu matelassé, de taille suffisamment grande. Rien de tel qu'une **niche** – c'est son nid –, voire deux, une pour l'intérieur, molletonnée et confortable, une pour l'extérieur, solide et isolée de laine de verre.

LES REPAS
Il doit avoir son **bol** et sa **gamelle** (ou assiette), lavés après chaque repas, notamment s'il consomme une alimentation semi humide ou humide.

LA TOILETTE
Une brosse et un peigne sont indispensables ainsi qu'une brosse à dents et une pince à guillotine (ou pince à ongles). On peut aussi utiliser un **gant lavant** pour chien. Imprégné d'une **lotion** spécialement adaptée à la peau et au pelage du chien, il est hypoallergénique et enlève les odeurs désagréables.

L'ACCUEIL

LES SORTIES
La **laisse** et le **collier en cuir** constituent un équipement indispensable. Habitué à la chaleur d'un appartement, il a besoin d'un manteau ou d'un pull-over, en hiver, et d'un imperméable sous la pluie. À l'entrée de l'habitation, placez un « **essuie-pattes** », tapis ou serpillière, afin qu'il ait les pieds propres en pénétrant dans la maison. Il peut s'installer sur les tapis, aller et venir dans la cuisine…

LES VOYAGES ET LES DÉPLACEMENTS
S'il est de petite taille, le chien est en sécurité dans son **sac de transport**, en plastique ou en cuir, avec ou sans hublot. Un accessoire aussi incontournable lors des visites chez le vétérinaire.

LES JEUX
Le chien ne doit pas manquer de **jouets à mordre**. Balles de tennis, os au fluor ou en buffle, monstres à poil ou à musique… L'éventail est vaste.

Il reste à expliquer au chien quels sont les **lieux interdits** dans la maison. C'est auprès de son maître qu'il se sent le mieux.

La législation

Quatre documents officiels sont obligatoires lors de l'acquisition du chien. En cas de problème, la responsabilité de l'éleveur est engagée.

L'ATTESTATION DE VENTE
Elle mentionne les **coordonnées** du vendeur, de l'acheteur et du vétérinaire, l'**identification** et la description du chiot, le prix et les modalités de paiement, les dates de cession et de livraison. Si le numéro d'inscription provisoire au L.O.F. (Livre des origines français) ne figure pas sur cette attestation, il est remplacé temporairement par un numéro de dossier. Enfin il est précisé s'il s'agit d'un chien de compagnie ou d'un chien de reproduction. Le prix peut varier du simple au double !

LA LÉGISLATION

LA CARTE D'IMMATRICULATION

Depuis 2012, l'**identification électronique,** réalisée par un vétérinaire, remplace le tatouage. Sur la carte d'immatriculation figure le numéro d'identification, enregistré dans un fichier accessible aux vétérinaires, aux refuges et aux représentants des forces de l'ordre. Cela permet de retrouver les coordonnées du maître en cas de perte de l'animal.

LE CERTIFICAT DE NAISSANCE

Il prouve la race du chien et indique que les géniteurs (et non le chien en question) ont un **pedigree**. Après un pedigree provisoire dès sa naissance, le chien est examiné par un juge à l'âge de 12 mois afin d'obtenir son pedigree définitif. Tout chien de race (qui, depuis 2011, doit avoir son identité génétique) a son nom inscrit au L.O.F.

LE CARNET DE SANTÉ

Il est établi par un vétérinaire qui mentionne les vaccins effectués ainsi que les dates des **prochains rappels**.

BON À SAVOIR

• **Le document d'information :** le vendeur doit le remettre. Il contient bon nombre de renseignements spécifiques à la race et prodigue des conseils au maître.

• **Le certificat de donation :** lors d'une transaction gratuite, la personne qui confie son chiot doit établir ce document et le donner au maître.

La santé : bien nourrir votre chien

La santé commence par une alimentation équilibrée, adaptée à l'activité, l'âge et la corpulence du chien.

Bien nourrir son chien signifie aussi assurer son bien-être, lui garantir un beau pelage. Appétence, digestibilité, efficacité métabolique… Tels sont les critères d'un bon aliment. Un menu digeste et énergétique doit lui être proposé quel que soit le type d'alimentation.

LA NOURRITURE INDUSTRIELLE

Elle est mise au point par des nutritionistes vétérinaires et élaborée selon les normes fixées par le National Research Council (N.R.C.). Finis à partir de viandes animales, céréales, etc., ces produits existent sous forme d'aliments secs, humides, semi-humides.

• **Les aliments secs** se présentent sous la forme de croquettes, granulés ou biscuits. Ils sont constitués d'un mélange de farines de viande ou de poisson, de tourteau, de céréales et renferment moins de 14 % d'eau. On ne doit pas les servir au chien sans lui donner de l'eau dans son bol.

• **Les aliments humides** contiennent 70 à 80 % d'eau. Ils sont conditionnés en conserves appertisées ou en viandes cuites à conserver au frais.

• **Les aliments semi-humides,** qui comprennent 30 à 60 % d'eau, se présentent sous forme de saucisses pour chiens, de croquettes molles ou encore de viande hachée.

LES PETITS PLATS FAITS MAISON

Ils nécessitent un dosage précis et une cuisson adéquate.

• **Le riz,** pour être parfaitement digeste, doit cuire 25 à 30 minutes. Il apporte les glucides (23 % du menu). Riche en amidon, il peut être remplacé par des flocons de céréales.

• **La viande** (cuite ou braisée) ou le poisson (cuit et débarrassé des arêtes) constitue l'apport de protéines (45 %).

• **Les légumes verts** (haricots, carottes, poireaux) : comptez dedans 23 % de minéraux et vitamines. Ajoutez le CMV ou « complément minéral vitaminé » (9 % de la ration proposée) en une cuillère à café.

La ration journalière pour un chien de 3 à 4 kg est de 90 g de croquettes, ou 270 g de pâtée. Elle est divisée en deux ou trois repas.

La santé : prévenir les maladies

Les vaccins sont très importants en ce qu'ils évitent les grandes pathologies, redoutables pour le chien.

L'immunité (ou résistance) est déclenchée par une série d'injections dès le tout jeune âge du chiot – à partir de la neuvième semaine. Elle dure un an, d'où la nécessité du rappel effectué à date fixe selon le protocole établi par le vétérinaire. Une seule injection suffit pour protéger le chien contre trois ou quatre maladies.

LES MALADIES INFECTIEUSES

- **La maladie de Carré** est due à un virus qui touche les canidés. Elle apparaît sous plusieurs formes : pulmonaire, digestive, cutanée, oculaire, nerveuse.
- **L'hépatite de Rubarth,** due à l'adénovirus canin, se transmet par les urines. Le chien a une forte fièvre (40 à 41°), présente une inflammation des amygdales et souffre de troubles digestifs et oculaires.
- **La parvovirose,** provoquée par le parvovirus, provoque une gastro-entérite, qui entraîne des diarrhées sanglantes.
- **La toux de chenil** affecte surtout les chiens en collectivité.

LES ZOONOSES, MALADIES TRANSMISSIBLES À L'HOMME

- **Le virus de la rage** (rhabdovirus) se transmet par morsure, griffure ou léchage. Le vaccin

LA SANTÉ : PRÉVENIR LES MALADIE

contre la rage est obligatoire dans les campings, les centres de vacances et les garderies, lors du passage aux frontières et des concours de chiens.

• **La leptospirose**, encore appelée « typhus du chien », se transmet par les déjections des rongeurs ou par l'eau croupie, qui contiennent des germes du genre *Leptospira*. La maladie se transmet à l'homme par léchage ou morsure. Les leptospires pénètrent par voie transcutanée, dès qu'il y a une plaie, ou par voie muqueuse, c'est-à-dire par l'œil ou la bouche.

LA STÉRILISATION
Deux types de contraception existent : **médicale** (orale ou injectable) ou **chirurgicale**. La première peut générer des risques d'infection utérine. La seconde (ovariectomie chez la femelle, castration chez le mâle) ne présente pas de risque. En aucun cas la stérilisation ne nuit à la santé du chien – sinon une tendance à la prise de poids – et n'influe sur son psychisme.

La santé : lutter contre les parasites

Débarrassez-vous des puces, tiques et autres sales petites bêtes, vecteurs de maladie pour votre chien.

LES PARASITES EXTERNES
• **La tique.** Le chien est agressé par deux espèces de tiques : la tique domestique *(Rhipicephalus sanguineus)*, qui engendre l'erlichiose, et la tique sauvage *(Dermacentor reticulatus)*, répandue dans les plaines et en bordure de lacs. Avec la maladie de Lyme (borréliose), engendrée par une tique et en association avec une bactérie, le chien perd l'appétit et souffre de douleurs articulaires et musculaires. Cette zoonose peut être évitée par une administration régulière de produits antiparasitaires. La **piroplasmose** est transmise par un couple de tiques associées au protozoaire *Babesia canis*. Impuissant, le chien souffre d'insuffisance rénale et hépatique.

LA SANTÉ : LUTTER CONTRE LES PARASITES

- **La puce.** Celle qui s'attaque au chien est la puce « du chat » *(Ctenocephalides felis)*. À force de se gratter, le chien est atteint de dermatite par allergies aux piqûres de puces, dite DAPP.
- **Le pou.** L'infestation par les poux, ou **phtiriose**, est fréquente chez les chiens qui vivent à la campagne.
- **L'aoûtat.** Ce parasite sévit en été. Il est bénin, mais il provoque des démangeaisons très pénibles.
- **La teigne.** Zoonose et infection de la peau, des poils et des griffes, elle est transmise par un champignon *(Microsporum canis)*.
- **La gale.** Zoonose elle aussi, elle est transmise par l'acarien *(Sarcoptes scabiei)* à la différence de la « gale des oreilles ». Elle est très contagieuse. Si l'homme est touché, il présente une éruption papulocroûteuse (boutons de gale) à démangeaison très forte.

LES PARASITES INTERNES

Plats, ronds ou longs, les **vers** envahissent le chien dès la naissance. Présents dans l'intestin, ils provoquent troubles digestifs et maladies. Citons le **ténia** *Dipylidium caninum*, et un autre, plus petit, *Echinococcus granulosus*, qui transmet l'échinococcose. L'homme peut être contaminé.

Pour lutter contre les vers, le chien doit être **vermifugé** dès les quinze premiers jours suivant sa naissance. À l'âge adulte, il est vermifugé tous les six mois. Un **collier antiparasitaire** augmente l'efficacité des vaccins.

Votre chien au quotidien

Éducation, intégration à la maison, hygiène :
une vie de chien jour après jour…

CHOISIR SON PRÉNOM

Le prénom donné au chien doit être **court et facile à porter**. Pour un chien de race, c'est l'année qui détermine la première lettre. En 2013, le prénom commence par un « i », en 2014 par un « j », etc.

SON ÉDUCATION

La propreté et l'obéissance s'inscrivent dans la profonde nature du chien.

- **La propreté** : l'idéal est de consacrer tout un week-end à la leçon de propreté et de s'armer de patience. C'est un lieu commun : le chien fait où on lui dit de faire. Au bout du quatrième ou cinquième jour, vous pourrez l'emmener à l'extérieur. Mettez-lui un collier réglable, en fonction de sa taille, puis ajoutez une laisse afin de pouvoir le diriger. Vous devez évidemment ramasser ses déjections sur le trottoir.
- **L'obéissance** est indispensable chez le canidé, quel que soit son statut (chien de compagnie ou chien de travail). Cette leçon est fondée sur plusieurs ordres : assis, couché, pas bouger, ainsi que le rappel. Ces ordres favorisent la cohabitation et l'intégration du chien non seulement dans la famille, mais aussi en société. Dans la rue, votre chien ne doit pas agresser les passants. Il doit aussi modérer ses aboiements pour ne pas gêner le voisinage. À vous de lui faire comprendre.

LE QUOTIDIEN

- **La récompense** est nécessaire à son éducation. Attention à ne pas abuser des friandises ! Mieux vaut un mot doux qui le fait frétiller de la queue. Il faut aussi savoir gronder son petit compagnon à quatre pattes. La punition fait partie de l'éducation. Mais le chien ne doit jamais être frappé. La main du maître est réservée aux caresses.

SON HYGIÈNE

Voici un autre impératif ! **Une fois par semaine,** nettoyez ses yeux, ses oreilles et examinez ses dents. Vérifiez également ongles et coussinets et prenez soin de la fourrure, en passant la brosse et le peigne, donnez-lui un bain si nécessaire, et selon sa race, emmenez-le chez le toiletteur.

SES JEUX ET SES SORTIES QUOTIDIENNES

Le jeu est **essentiel** dans une vie de chien. Il donne la patte, fait le mort, va chercher la balle, joue au bâton... Donnez-lui l'**occasion** de s'y adonner. Il est indispensable de promener votre chien deux fois par jour.

Les groupes

Nains, géants, poils longs ou courts, chiens de traîneau, chiens de compagnie… Tous sont classés par groupe !

LA CLASSIFICATION DES 400 RACES

Du chihuahua de 1 kg au mastiff d'un quintal, du chien de compagnie au chien d'utilité, comment s'y retrouver ? Quatre cents races résultent de la sélection opérée par l'homme, régissant les accouplements et excluant les rencontres de hasard au sein de la gent canine. Une discipline rigoureuse qui permet de préserver les gènes et les spécificités d'une race ! Cette mosaïque de races a été structurée en dix groupes, par la Fédération cynologique internationale (F.C.I.). Chaque race possède son standard et chaque chien doit correspondre précisément à ce modèle.

POUR MIEUX LES IDENTIFIER

Cette classification permet de mieux choisir le chien qui peut s'adapter au mode de vie du maître. Un chien au pelage blanc est beau, mais salissant ! Un chien à la fourrure épaisse et abondante exige brossage, démêlage, shampoings… Veut-on un compagnon, proche des enfants, qui monte la garde ? Un berger qui rassemble les brebis ? Un chasseur qui lève la perdrix ? L'éducation que l'on dispense est forcément liée à la nature du chiot. Au-delà de ses mensurations, de son standard, le caractère du chien est évidemment à prendre en considération.

LES GROUPES

LES RACES EN DIX GROUPES
- **1er groupe** : les chiens de berger et les bouviers.
- **2e groupe** : les chiens de type Pinscher, Schnauzer, molossoïdes et les chiens de bouvier suisses.
- **3e groupe** : les Terriers.
- **4e groupe** : les Teckels.
- **5e groupe** : les chiens de type Spitz et de type primitif.
- **6e groupe** : les chiens courants et les chiens de recherche au sang.
- **7e groupe** : les chiens d'arrêt.
- **8e groupe** : les Retrievers, les chiens leveurs de gibier et les chiens d'eau.
- **9e groupe** : les chiens d'agrément ou de compagnie.
- **10e groupe** : les lévriers et les races apparentées.

Le Basset Hound

Original… Yeux en losange, oreilles papillotées,
ce chien courant a la peau plissée.

Carnet de naissance

• **Poids** : à la naissance : 250 à 350 g. À 3 mois : 10 kg. Adulte : 25 à 30 kg. • **Taille** : 33 à 38 cm. • **Origine** : Grande-Bretagne. Race antique, il fut présenté pour la première fois à l'Exposition universelle de Paris en 1863.

Il a du chien

Bas et long. Tête forte et massive, il a le crâne en dôme, avec une bosse occipitale proéminente. Museau sec, mâchoires fortes, il a la peau lâche : les babines recouvrent la lèvre inférieure. Les oreilles attachées bas dépassent l'extrémité du museau. Son corps est long et profond, ses membres courts et puissants, sa queue a une forme de sabre.

Le meilleur ami de l'homme

Affectueux et dévoué. Placide, jamais agressif, très endurant, il a le caractère bien trempé. C'est un chien très obstiné, mais il sait se faire apprécier au sein de la famille. Pour obtenir ce qu'il veut, il use de son regard langoureux. Sa voix est profonde et mélodieuse.

Groupe : 6. **Poil** : court, lisse, serré sans être trop fin. **Couleurs** : tricolore (noir, feu, blanc), bicolore (citron, blanc).

Le Beauceron

Queue en crochet, marques feu sur les pattes,
voici un chien bien de chez nous !

Carnet de naissance

- **Poids** : à la naissance : 300 à 350 g. À 3 mois : 11 kg. Adulte : 27 à 50 kg. • **Taille** : 65 à 70 cm (mâle), 61 à 68 cm (femelle).
- **Origine** : France. Descendant des chiens de plaine qui surveillaient les troupeaux, il est reconnu en 1863.

Il a du chien

Puissant et bien charpenté. Corps solide, musclé et sans lourdeur, poitrine large, haute et profonde, il est de type lupoïde. Pattes bien d'aplomb, il a les pieds ronds avec un double ergot aux membres postérieurs. Sa tête longue représente les $2/5^e$ de sa taille.

Le meilleur ami de l'homme

Un bon cerbère. Incorruptible, franc, carré, ce chien fidèle est obéissant et courageux. Rapide, résistant, excellent conducteur de troupeau, il est doté du sens des responsabilités. Il assume avec sérieux son rôle de garde d'enfants.

Groupe : 1. **Poil** : ras sur la tête, couché sur le corps, franges obligatoires sur les fesses et le dessous de la queue ; sous-poil court, fin, dense et duveteux. **Couleurs** : arlequin (bleu bigarré marqué de fauve) ou noir et feu.

Le Bichon maltais

Élégant dans sa longue fourrure blanche, il a l'œil vif et drôle. Un petit chien à bichonner.

Carnet de naissance

• **Poids** : à la naissance : 150 à 170 g. À 3 mois : 1,1 kg. Adulte : 3 à 4 kg. • **Taille** : 21 à 25 cm (mâle), 20 à 23 cm (femelle). • **Origine** : Bassin méditerranéen central, Italie. L'une des plus vieilles races européennes, et le favori de la reine Élizabeth Ire.

Il a du chien

Raffiné. Tête large, truffe volumineuse, oreilles attachées haut, tombantes, il a des yeux immenses. Corps allongé, croupe large et longue, un peu oblique, les membres courts et les pieds ronds, il est vêtu de l'une des fourrures les plus extraordinaires de la gent canine. Longue et blanche, douce comme de la soie et luisante, elle ne forme ni mèches ni touffes.

Le meilleur ami de l'homme

Bon vivant. Provocateur, plein d'entrain, infatigable, il recherche la compagnie des enfants. Toujours prêt à jouer, il est heureux en famille et très affectueux. Aboyant peu, ce chien de salon demeure un ratier réputé !

Groupe : 9. **Poil** : soyeux, très long, sans ondulations, ni boucles, ni sous-poil.
Couleurs : blanc pur, teinte ivoire pâle admise.

Le Border Collie

« Eye dog »… Corps harmonieux, allure athlétique,
il a la tête large et l'expression vive.

Carnet de naissance

• **Poids** : à la naissance : 260 g. À 3 mois : 7 kg. Adulte : 15 à 20 kg. • **Taille** : 50 à 55 cm (mâle), 47 à 52 cm (femelle) • **Origine** : Grande-Bretagne. Il fut introduit par les Vikings de l'an 800 à 1100 et reconnu en 1976.

Il a du chien

Athlétique. Oreilles droites et à demi dressées, mâchoire forte et en ciseaux, il a l'œil brun (ou bleu chez un sujet « merle », marbré de poils gris). Il a les membres parallèles et musclés, les pieds ovales, avec des coussinets épais, forts et résistants.

Le meilleur ami de l'homme

Imbattable. Intelligent, hardi, actif, exubérant, docile, ce chien de berger n'est ni méfiant ni craintif. Doué d'une attention peu commune, il est capable de prévoir et de signaler les dangers. Doté du « pouvoir de l'œil », il hypnotise les brebis. Il accomplit le travail de vingt personnes en dix fois moins de temps.

Groupe : 1. **Poil** : long ou court, lisse et brillant.
Couleurs : toutes (sans prédominance du blanc),
de préférence fauve clair, bleu merle, blanc et noir.

Le Bouledogue français

Œil rond, tête au carré, nez remouché, il est la coqueluche de ces dames… Son surnom : le « boule » !

Carnet de naissance

• **Poids** : à la naissance : 250 g. À 3 mois: 5 kg. Adulte : 8 à 14 kg. • **Taille** : proportionnée au poids. • **Origine** : France. Issu du Toy Bulldog anglais, il est très à la mode en 1900, à Paris.

Il a du chien

Court. Cou, rein, épaules, bras, avant-bras, queue, pattes et ongles, tout est court chez ce chien aux pieds de chat. Il a les mâchoires larges, fortes et carrées, la truffe large, très courte, aux narines bien ouvertes et symétriques. Ses yeux tout ronds sont foncés, aux paupières bordées de noir.

Le meilleur ami de l'homme

Jovial et drôle. On le croirait susceptible avec son air peu aimable. Au contraire, il est heureux de vivre. Turbulent, dynamique, ce boute-en-train ne sait pas s'arrêter dans l'effort. À l'intérieur, le Bouledogue français est réfléchi, pondéré.

Groupe : 9. **Poil** : ras, serré, brillant et doux.
Couleurs : fauve, bringé ou non ou à panachure limitée.

Le Caniche

Très coquet… Ce chien élégant, bouclé ou cordé, existe en cinq couleurs et quatre tailles !

Carnet de naissance
• **Poids** : à la naissance : 250 g. À 3 mois : 5 kg. Adulte : 7 à 22 kg. • **Taille** : moins de 28 cm à 60 cm. • **Origine** : France. Issu du Barbet, il fut marié à un Chien d'eau portugais et miniaturisé sous Louis XVI.

Il a du chien
Élégant. Miniature, nain, moyen ou grand, il a une tête distinguée encadrée par des oreilles tombantes et les yeux, vifs, en forme d'amande. Le corps bien proportionné, le dos court et la croupe arrondie, il a la queue attachée haut. L'élégance du Caniche passe aussi par sa démarche, légère et aérienne.

Le meilleur ami de l'homme
Cabot. Joyeux, affectueux et fougueux, cet excellent chien de compagnie fait le clown avec les enfants. Jugé comme un « cerveau » par les spécialistes, il est placé au second rang de la gent canine en intelligence de travail et d'obéissance.

Groupe : 9. **Poil** : bouclé, abondant (laineux, élastique ou cordé) ou fin (laineux, serré, formant des cordelettes). **Couleurs** : noir, blanc, marron gris, fauve orangé, fauve rouge.

Le Cavalier King Charles

Royal ! Ce poids plume s'impose comme le plus grand des chiens miniatures.

Carnet de naissance

• **Poids** : à la naissance : 160 g. À 3 mois: 4 kg. Adulte : 5,4 à 8 kg. • **Taille** : 32 à 36 cm. • **Origine** : Grande-Bretagne. Ayant séduit jadis Charles II, il arriva en France en 1975.

Il a du chien

Droit et carré. Côté corps, tout est droit, le rein court, la poitrine cintrée. Les épaules sont bien obliques, les jarrets bien formés. La queue est proportionnée au corps. Il n'y a de rond que ses yeux, de couleur sombre, et de long que ses oreilles, tombantes, attachés haut, avec des franges abondantes.

Le meilleur ami de l'homme

Sans peur et sans reproche. Tête haute et regard de côté, il ne manque pas de toupet. Le standard l'indique : il n'a peur de rien. Drôle à souhait avec son air princier, il participe joyeusement à la vie de famille. Il raffole de promenades.

Groupe : 9. **Poil** : long, soyeux, sans boucles. **Couleurs** : rubis, noir et feu, blenheim (marques châtain vif sur fond blanc perle, « pastille » sur la tête) et tricolore.

[34]

Le Chihuahua

Une voix de stentor... Léger comme une plume,
il est le plus petit chien du monde !

Carnet de naissance

• **Poids** : à la naissance : 80 g. À 3 mois : 1,2 kg. Adulte : entre 1,5 et 3 kg. • **Taille** : 16 à 20 cm. • **Origine** : Mexique. Il vivait au Chihuahua à l'époque de la civilisation toltèque et fut inscrit en 1904 à l'American Kennel Club.

Il a du chien

Haut comme trois pommes. Tête ronde, nez pointu, grandes oreilles, il a les yeux noirs, marron ou bleus, rubis ou lumineux. Corps cylindrique, plus long que haut, la queue retournée sur le dos, il court, l'allure élastique, fluide. Ce chien gracieux est doux à caresser.

Le meilleur ami de l'homme

Fier et volontaire. Très bon gardien avec sa grosse voix, il est réputé pour son courage. Vif et remuant, il est considéré comme « le bonheur de la maison » dans son pays d'origine. Possessif envers son maître, il veut être considéré comme l'enfant unique.

Groupe : 9. **Poil** : long (fin et soyeux, ondulé) ou court (serré, luisant). **Couleurs** : toutes teintes, nuances et combinaisons.

Le Cocker Spaniel

Le nez dans ses pattes... Membres courts et robe de soie, il est le plus petit des Spaniels.

Carnet de naissance
• **Poids** : à la naissance : 250 g. À 3 mois : 6,5 kg. **Adulte** : 12 à 14,5 kg. • Taille : 38 à 41 cm. • **Origine** : Grande-Bretagne. Issu du chien d'Oysel, il est reconnu en 1892.

Il a du chien
Regard unique. Crâne en dôme, museau carré, il a la truffe large et la dentition en ciseaux. Ses oreilles fines, attachées bas, sont frangées de longs poils droits et soyeux. Son regard foncé, couleur noisette, brille de malice, mais sa paupière pendante lui donne un air triste, expression unique dans la gent canine. Il a le corps puissant et compact. La queue attachée bas est portée à l'horizontale.

Le meilleur ami de l'homme
Un sac à malices. Actif et enjoué, cet intrépide n'est jamais à court d'idées pour inventer de nouveaux jeux en famille. Espiègle, roublard et débrouillard, il aime rapporter tout ce qu'il trouve : ballon, chausson, journal...

Groupe : 8. **Poil** : plat, soyeux, jamais trop raide ni ondulé, franges sur membres et corps.
Couleurs : noir ou fauve doré uni, noir et feu.

Le Colley

Fidèle… Gracieux et souple, avec collerette et jabot,
il a un regard brun d'une incroyable douceur !

Carnet de naissance

• **Poids** : à la naissance : 250 à 350 g. À 3 mois : 11 kg. Adulte :
20 à 29 kg (mâle), 18 à 25 kg (femelle). • **Taille** : 56 à 61 cm
(mâle), 51 à 56 cm (femelle). • **Origine** : Grande-Bretagne. Le
héros de *Lassie, chien fidèle* est arrivé en France en 1900.

Il a du chien

Grand seigneur. Tête longue et fine parée d'une somptueuse
collerette, oreilles moyennes, assez écartées et semi-dres-
sées, il a un air très noble. Ses yeux bruns en amande sont
doux et expressifs. Le corps long est souple et la démarche
coulée. Sa fourrure est rêche au toucher. Sa queue, longue,
généralement portée bas, est très fournie.

Le meilleur ami de l'homme

Cool. Vif, actif, ce chien de berger a un don extraordinaire
pour conduire les troupeaux. Réputé pour sa vigilance, il est
polyvalent. Doux et sensible, c'est un merveilleux chien de
compagnie qui possède une mémoire d'éléphant.

Groupe : 1. **Poil** : long (droit, dur, dense, recouvrant
un sous-poil), court (plat, dur ; sous-poil dense).
Couleurs : zibeline, tricolore, merle.

Le Coton de Tuléar

Comique… Robe blanche et yeux masqués,
il a la queue en trompette !

Carnet de naissance

• **Poids** : à la naissance : 180 g. À 3 mois : 1,2 kg. Adulte : 3,5 à 6 kg. • **Taille** : 25 à 28 cm. • **Origine** : Madagascar. Rescapé d'un naufrage au XVIe siècle près du port de Tuléar, il fut introduit en France en 1977.

Il a du chien

En robe de coton. Yeux ronds et foncés, vifs et intelligents, il porte une longue robe blanche jusqu'aux pieds. Les oreilles tombantes, attachées haut, sont minces et triangulaires. Sa queue longue de 18 cm, attachée bas, est grosse à la naissance et fine au bout. Ses petits pieds ronds sont cachés sous le pelage.

Le meilleur ami de l'homme

Drôle. Affectueux, fidèle, gai, spontané, il est aussi séducteur et observateur. Explorateur insatiable, enjoué et sportif, il fait le bonheur des enfants. Drôle avec sa grosse voix, parfois boudeur, il manifeste son humeur. Très bon gardien, il protège le jardin d'une faune indésirable.

Groupe : 9. **Poil** : long, fin, légèrement ondulé, texture du coton. **Couleurs** : blanc avec quelques taches jaunes sur les oreilles.

Le Dalmatien

Une vedette... Pieds de chat et robe blanche à taches, il est très élégant !

Carnet de naissance

• **Poids** : à la naissance : 350 g. À 3 mois : 13 kg. Adulte : 27 kg (mâle), 24 kg (femelle). • **Taille** : 56 à 61 cm (mâle), 54 à 59 cm (femelle). • **Origine** : Bassin méditerranéen central. Chien de coche aux États-Unis au XIXe siècle, il est aujourd'hui célèbre grace aux *101 Dalmatiens* de Walt Disney.

Il a du chien

Blanc à taches rondes. Tête assez longue, museau long et puissant, il a les yeux ronds, brillants, d'une expression intelligente et éveillée. Ses oreilles, attachées haut et larges à la base, sont plaquées contre la tête. Son cou est bien galbé avec élégance. Vigoureux, musclé et vif, il a des taches noires bien nettes et rondes sur son pelage.

Le meilleur ami de l'homme

Polyvalent. Vif argent, plein d'entrain, sociable, c'est un chien de compagnie au grand cœur. Très attentif envers les humains, il adore les chevaux et les chats. C'est aussi un très bon gardien et chien de chasse.

Groupe : 9. **Poil** : court, dur, dense et lisse.
Couleurs : blanc pur avec des taches noir foncé.

Le Dogue allemand

L'Apollon des chiens… Géant, à sa tête haute
et à sa noble allure, il a l'élégance d'un dieu !

Carnet de naissance

• **Poids** : à la naissance : de 400 à 600 g. À 3 mois : 18 kg.
Adulte : 50 à 70 kg. • **Taille** : 72 à 80 cm. • **Origine** : Allemagne.
Fils du Molosse du Tibet et croisé avec le Bullenbeisser, il fut
reconnu en 1880 à Berlin.

Il a du chien

Superdog. C'est un chien aux longues jambes avec des pieds
de chat. Fort comme Hercule, il a le corps carré et la croupe
large. Sa queue attachée haut est recourbée en sabre. Sa tête
allongée et étroite est très expressive. Museau haut et rectangulaire, truffe noire, oreilles attachées haut et naturellement
tombantes, il a un regard très intelligent.

Le meilleur ami de l'homme

Grand et noble. Gentil, tendre, affectueux, on l'entend à peine
aboyer. C'est le plus pacifique des molosses. D'une sensibilité
à fleur de peau, il déteste la grosse voix. Très vigilant, il se
comporte comme une nounou avec les enfants.

Groupe : 2. **Poil** : très court, dense, lisse, luisant.
Couleurs : fauve, bringé, noir, bleu, arlequin.

L'Épagneul nain continental

Très fier… Queue en panache et pieds de lièvre,
il a l'allure princière !

Carnet de naissance
- **Poids** : à la naissance : 90 g. À 3 mois : 1,1 kg. Adulte : selon les catégories, 1,5 à 2,5 kg et 2,5 à 5 kg. • **Taille** : 28 cm.
- **Origine** : France et Belgique. Favori d'Henri III, il est reconnu par la Fédération cynologique internationale (FCI) en 1937.

Il a du chien
Un joli minois. Tête légèrement arrondie, lèvres minces et pigmentées, il a la truffe noire et des yeux foncés, en amande. Ses oreilles sont fines et tombantes chez la variété Phalène ; dressées droites et ouvertes chez le Papillon. Il possède un corps légèrement allongé, une queue en panache, avec des franges de 15 cm à la queue, une culotte ample.

Le meilleur ami de l'homme
Épagneul de luxe. Gracieux et coquet, il aime être le centre d'intérêt de la maison. Il a une sensibilité à fleur de peau.

Groupe : 9. **Poil** : abondant, ondé, court sur la face, mi-long sur le corps. **Couleurs** : toutes sur fond blanc, liste blanche souhaitée.

Le Fox-Terrier

Un chien de B.D. Mâchoires puissantes, dos court et pieds compacts, il a l'œil malicieux.

Carnet de naissance
- **Poids** : à la naissance : 200 g. À 3 mois : 3 kg. Adulte : 7 à 8 kg.
- **Taille** : 40 cm de haut. • **Origine** : Grande-Bretagne. Sélectionné en 1800 pour la chasse à courre au sanglier, au blaireau et au renard (*fox* en anglais), il est reconnu en 1976.

Il a du chien
Poil dur, poil lisse. Tête longue, oreilles en « v », de couleur foncée, il a la silhouette carrée, la queue courte. Il existe en deux variétés : à poil dur (pelage dense, très dur de texture, rêche sur les mâchoires, deux fois plus long au garrot, sur le dos, les côtes et l'arrière-main) et à poil lisse (pelage droit, plat, dur et dense).

Le meilleur ami de l'homme
Rusé comme un renard. Dynamique et énergique, aventurier et infatigable, il est la terreur des renards lorsqu'il court en plein champ. Intelligent, malin, plein d'entrain et malicieux, il est un chien de compagnie agréable à la maison.

Groupe : 3. **Poil** : dur (sous-poil court et doux) ou lisse (droit et abondant). **Couleurs** : blanc ou avec marques fauve (tan), noires ou noir et fauve.

Le Golden Retriever

La crème des chiens… De couleur or ou bien crème,
ce chien est adorable !

Carnet de naissance
- **Poids** : à la naissance : 250 à 350 g. À 3 mois : 11 kg. Adulte : 25 à 27 kg. • **Taille** : 56 à 61 cm (mâle), 51 à 56 cm (femelle).
- **Origine** : Grande-Bretagne. Issu d'une femelle Retriever jaune et d'un Tweed Water Spaniel, il est introduit en France en 1925.

Il a du chien
Bien équilibré. Sa tête est large, bien ciselée avec un museau puissant, une truffe noire et des mâchoires fortes. Ses yeux sont foncés et cerclés de noir, ses oreilles de taille moyenne et bien attachées. L'arrière-train est musclé, les cuisses robustes, les jarrets près de terre. Il possède des pieds de chat avec d'importants coussinets.

Le meilleur ami de l'homme
Affable. Très doux et sensible, il est calme et équilibré. Tendre et gentil envers les humains, il fait preuve d'une patience d'ange avec eux. Intelligent, actif et à l'allure énergique, il a tendance à se montrer dominant.

Groupe : 8. **Poil** : plat ou ondulé avec de bonnes franges ; sous-poil serré et imperméable.
Couleurs : or ou crème.

L'Irish Wolfhound

Puissant… Hirsute et à la tête longue,
il est le plus grand chien du monde !

Carnet de naissance

• **Poids** : à la naissance : 400 g. À 3 mois : 18 kg. Adulte : 54 kg (mâle), 40,5 kg (femelle). • **Taille** : 81 à 86 cm (mâle), 71 cm (femelle). • **Origine** : Irlande. Offert aux familles royales d'Europe, du Moyen Âge jusqu'en 1652, il fut reconnu par le Kennel Club irlandais en 1885.

Il a du chien

Museau long un peu pointu. Tête longue, pas trop large, il a le poil très dur au-dessus des yeux et sous la mâchoire. Yeux foncés, oreilles petites, il possède un corps puissant, allongé, et a une force redoutable. Sa queue longue, légèrement courbée, d'épaisseur modérée, est bien couverte de poils.

Le meilleur ami de l'homme

Rapide et endurant. Rustique, très grand coureur, il a l'allure gracieuse. Patient et intelligent, il fait l'impossible pour satisfaire son maître. « Agneau à la maison, lion à la chasse », dit le standard. Il peut devenir irritable si on l'embête trop.

Groupe : 10. **Poil** : rude et rustique sur le corps, les pattes et la tête. **Couleurs** : gris, bringé, roux, noir, blanc pur.

Le Jack Russell

Favori… Queue en fusée, oreilles en « v »,
ce terrier est vif comme l'éclair !

Carnet de naissance

• **Poids** : à la naissance : 200 g. À 3 mois : 2,9 kg. Adulte : 6 à 7 kg. • **Taille** : entre 33 et 35 cm. • **Origine** : Grande-Bretagne et du nom du Révérend Jack Russell. Il est reconnu en 1994.

Il a du chien

Question de pattes. Les yeux en forme d'amande, il a une expression directe, pleine de vie et intelligente. Corps assez long, dos solide, rein cambré, membres forts et musclés, il a les allures vives et dégagées. Il existe deux types de Jack Russell Terrier : l'un aux pattes courtes, l'autre aux pattes hautes, véritable champion de course de fond.

Le meilleur ami de l'homme

Coquin. Affectueux et dévoué envers son maître, il a un tempérament affirmé et est d'un naturel espiègle et capricieux. Énergique, malicieux et très farceur, il amuse les enfants. Il attrape taupes et mulots dans le jardin. Rapide, il apprécie la compagnie des chevaux.

Groupe : 3. **Poil** : rêche ou serré, lisse ou dur.
Couleurs : blanc ou aux trois-quarts blanc, avec marques feu, citron, noires (à la tête ou à la naissance de la queue).

Le Labrador

Un amour de chien... Svelte, jolie tête,
il exerce plusieurs métiers et a un caractère en or !

Carnet de naissance :

• **Poids** : à la naissance : 240 à 350 g. À 3 mois : 11 kg. Adulte : 25 à 30 kg. • **Taille** : 57 cm. • **Origine** : Grande-Bretagne. Au Canada, dans l'île de Terre-Neuve, il aidait les pêcheurs de morue. Il fut introduit en France en 1896.

Il a du chien

Élégant et musclé. Truffe large, joues plates, il a des babines bien développées. Il possède des oreilles en triangle, des yeux noisette ou marron. Il a les membres fins et nerveux, le corps aussi long que haut. Ses pieds ovales sont munis de palmes. Sa queue « de loutre » lui sert de gouvernail.

Le meilleur ami de l'homme

Prix d'excellence. Recherche de victimes d'avalanches, détection de drogues ou d'explosifs, guide pour les non-voyants... il sait tout faire. Ce rapporteur est actif, agile, sûr et tenace. Très équilibré et sociable, cet excellent chien de compagnie fait le bonheur des enfants.

Groupe : 8. **Poil** : court, lisse, fin, luisant et imperméable. **Couleurs** : noir, jaune ou marron.

Le Leonberg

Majestueux... Crinière fauve, jaune à brun rouge, queue en balai, il a l'aspect léonin.

Carnet de naissance
- **Poids** : à la naissance : 500 g. À 3 mois : 20 kg. Adulte : 60 à 80 kg. • **Taille** : 72 à 80 cm (mâle), 65 à 75 cm (femelle).
- **Origine** : Allemagne. Son nom vient d'une ville du Wurtemberg.

Il a du chien
Un masque noir. Sa tête est plutôt étroite, avec un nez de bélier et des lèvres noires et serrées. Le crâne arrondi en dôme, les yeux bruns, ce chien possède des oreilles attachées haut, tombantes et appliquées à plat sur la tête. Le corps plus long que haut, l'encolure robuste, la poitrine profonde, il a un bel habit fauve avec collerette, manchettes, calotte et panache.

Le meilleur ami de l'homme
Doux géant. Calme et tranquille, il est tendre. Fidèle comme un chien et impressionnant comme un lion, c'est un doux compagnon. Obéissant, délicat et rassurant, il plaît tant aux personnes âgées qu'aux enfants. C'est aussi un parfait chien d'avalanche.

Groupe : 2. **Poil** : demi-fin ou rude, opulent, long, lisse, bien couché. **Couleurs** : « de lion » (fauve, jaune or à brun rouge avec masque noir).

Le Lévrier afghan

Raffiné… Robe soyeuse, visage long et fin,
il a l'allure altière…

Carnet de naissance

- **Poids** : à la naissance : 240 à 350 g. À 3 mois : 11 kg. Adulte : 25 à 30 kg. • **Taille** : 69 à 74 cm (mâle), 62 à 69 cm (femelle).
- **Origine** : Afghanistan. Il chasse loups, yaks et panthères des neiges. En France, il est adulé depuis les années 80.

Il a du chien

Élégant. Crâne long, mâchoires puissantes, il a des yeux triangulaires, à l'expression orientale. Ses oreilles attachées bas contre la tête sont couvertes de poils longs et soyeux. Son corps est bien musclé et droit. Fourrure de luxe, démarche souple, il est gracieux et raffiné, voire précieux.

Le meilleur ami de l'homme

Hautain mais attachant. Susceptible, calme et peu démonstratif, il est très attaché à son maître. Il lui voue un amour exclusif. Distant, il déteste qu'un étranger le caresse. C'est un chien très noble et distingué qui a horreur des familiarités. Sensible, il n'aime pas être grondé.

Groupe : 10. **Poil** : très long, soyeux, de fine texture, recouvrant tout le corps (sauf sur le dos de l'épaule jusqu'à la naissance de la queue). **Couleurs** : toutes.

Le Lhassa Apso

Zen… Pieds de chat et longue jupe, ce chien du Tibet porte du poil de chèvre jusqu'à la moustache.

Carnet de naissance

- **Poids** : à la naissance : 200 g. À 3 mois : 6 kg. Adulte : 4 à 7 kg.
- **Taille** : 25 cm. • **Origine** : Tibet. Animal sacré (*apso* signifie « chèvre »), il fut élevé dans les temples et est la propriété exclusive du dalaï-lama. Il est en France depuis 1950.

Il a du chien

Toison. Tête ronde, le crâne invisible sous la toison, il a des yeux sombres et des oreilles pendantes avec des franges abondantes. Il porte la barbe et la moustache et a une voilette sur les yeux. Il a des membres courts d'une bonne musculature. La queue est attachée haut, portée sur le dos. Les allures sont vives et dégagées.

Le meilleur ami de l'homme

Sensible et méditatif. Perpétuellement en éveil, ce chien de forte personnalité sait aussi être sage avec une voix aiguë. Il est calme et doux avec les enfants et son maître. À la maison, il est dans son temple sacré.

Groupe : 9. **Poil** : long, abondant, droit et dur ; sous-poil moyen. **Couleurs** : doré, sable, miel, gris foncé, ardoise, fumé, particolore (noir, blanc ou brun).

Le Pinscher nain

Corps en carré, poil serré… Tout le portrait du Pinscher allemand, modèle réduit.

Carnet de naissance

- **Poids** : à la naissance : 200 g. À 3 mois : 6 kg. Adulte : 4 à 6 kg.
- **Taille** : 25 à 30 cm. • **Origine** : Allemagne. Issu d'une vieille race allemande des Schnauzers, il est introduit en France vers 1950.

Il a du chien

Le feu aux joues. Tête robuste, allongée, au stop léger, son museau se termine en coin émoussé. Ses yeux de grandeur moyenne sont ovales, foncés. Ses oreilles en forme de « v » sont repliées. Il a les lèvres serrées, les joues ornées de marques feu ou rouges. Corps compact, encolure sèche, il a le poitrail développé. Membres musclés, aux pieds courts et ronds, il a la queue attachée haut et relevée.

Le meilleur ami de l'homme

Turbulent. Enjoué, agréable, parfois agité avec son caractère affirmé, il a l'avantage d'être d'une propreté exemplaire dans nos maisons. Un joyeux compagnon qui s'entend avec toute la maisonnée.

Groupe : 2. **Poil** : court, serré, couché, bien à plat.
Couleurs : unicolore (fauve ou brun), bicolore (noir avec marques feu, rouges ou plus claires).

Le Saint-Bernard

Un grand cœur… Dos large, membres puissants, il est toujours prêt à sauver les hommes.

Carnet de naissance

• **Poids** : à la naissance : 800 g. À 3 mois : 20 kg. Adulte : 55 à 100 kg. • **Taille** : 70 cm (mâle), 60 cm (femelle). • **Origine** : Suisse. Au XVIIe siècle, il est élevé à l'hospice du Grand-Saint-Bernard.

Il a du chien

Puissant et imposant. Il a le crâne légèrement bombé, le museau court, la truffe large. Ses oreilles sont implantées haut, triangulaires et tombantes. Ses yeux sont brun foncé. Il possède un corps imposant, avec un dos large, un cou puissant, des membres musclés, avec des pieds droits et fermes. Sa queue est longue, lourde et tombante jusqu'au jarret.

Le meilleur ami de l'homme

Très dévoué. Parfois cabochard, il est pourtant d'une grande serviabilité à l'égard de son maître. Il adore les enfants, qu'il surveille et protège. Il est toujours doux, calme et tranquille.

Groupe : 2. **Poil** : deux variétés (court, dense, lisse, couché et rude ; long, droit, avec culottes, franges et queue touffue) ; sous-poil abondant. **Couleurs** : blanc avec plaques rouge-brun.

Le Schnauzer

Barbe et sourcils broussailleux, noir ou poivre et sel,
il n'est austère qu'en apparence !

Carnet de naissance

Nain, moyen, géant • **Poids** : à la naissance : 200 g, 260 g, 350 g.
À 3 mois : 6 kg, 7 kg, 11 kg. Adulte : 7 kg, 14 à 20 kg, 35 kg.
• **Taille** : 30 cm, 45 à 50 cm, 60 cm. • **Origine** : Allemagne. Deux classifications : chiens de défense et de protection (moyen et géant) et chien de compagnie (nain).

Il a du chien

Noir très chic. Tête longue, masque foncé, il a les yeux et la truffe noirs. Il arbore moustache, favoris et barbiche. Le corps en carré, le dos horizontal comme les équidés, ce chien aux pieds de chat et aux oreilles en forme de flèche dispose d'une grande vélocité pour tailler la route !

Le meilleur ami de l'homme

Excellent chien de garde. Ayant un regard intelligent, il est vif, alerte et actif. Dévoué et affectueux, il se montre très vigilant et participe à la vie de famille. Heureux dans la nature, il est un compagnon turbulent mais charmant pour les enfants, sur qui il veille avec un sérieux irréprochable.

Groupe : 2. **Poil** : bien fourni, dur (fil de fer), ni hérissé ni ondulé. **Couleurs** : noir, poivre et sel.

Le Scottish Terrier

Un vrai barbu… Pattes courtes et grande jupe,
ce chien à la tête longue est très poilu !

Carnet de naissance

• **Poids** : à la naissance : 250 g. À 3 mois : 4 kg. Adulte : 8,5 à 10,5 kg. • **Taille** : 25,4 à 28 cm. • **Origine** : Écosse. Né à Aberdeen, le plus ancien des Terriers écossais est reconnu en 1875.

Il a du chien

Barbe et gros sourcils. Ses moustaches lui donnent un air sévère, mais ses yeux en amande et ses oreilles fines, petites et pointues, plantées bien droites, adoucissent cet aspect rigide. Corps compact, bien musclé, silhouette trapue, il a l'arrière-train puissant, le dos court et très musclé. Ses pieds de bonne taille sont munis de doigts bien cambrés et serrés.

Le meilleur ami de l'homme

Fier et obstiné. Sélectif, parfois jaloux, il a une forte personnalité. D'une fidélité extraordinaire avec « son » maître, il est indifférent envers les inconnus, ne recherchant ni l'attention ni les caresses. Il aboie très peu, mais avec sa voix forte, il impressionne en tant que gardien.

Groupe : 3. **Poil** : long, rêche et dur, en « fil de fer », dense et serré ; sous-poil court et doux. **Couleurs** : noir, fauve ou bringé de toutes nuances.

Le Shar Peï

Le chien sable… Fanons aux joues et au cou,
rides sur le front, il a la peau rêche.

Carnet de naissance

- **Poids** : à la naissance : 270 g. À 3 mois : 4 kg. Adulte : 20 kg.
- **Taille** : 44 à 51 cm. • **Origine** : Chine. Grand chasseur de sangliers. En 1947, comme les autres chiens, il est interdit en Chine et exporté vers les États-Unis. Introduit en Europe vers 1980.

Il a du chien

Un poil ras et hérissé. Sa tête au crâne plat et large se caractérise par une profusion de rides fines qui couvrent le front et les joues. La truffe est importante, la langue est noir bleuté. Ses yeux sont enfoncés, petits, en amande et de couleur foncée. Il possède un corps puissant et musclé. Le cou est fort, épais avec des fanons, la poitrine large et profonde, le dos court.

Le meilleur ami de l'homme

Affectueux. Malgré son air peu aimable, le Shar Peï ignore l'agressivité excepté vis-à-vis de ses congénères. Calme, indépendant, dévoué, il a une passion pour les enfants. C'est un bon vivant au caractère déterminé.

Groupe : 2. **Poil** : ras, hérissé, dur au toucher comme un grain de sable. **Couleurs** : uni (noir, feu, brun, beige, crème).

Le Shetland

Avec sa collerette et son jabot, il est le portrait craché du Colley, en petit format !

Carnet de naissance

• **Poids** : à la naissance : 250 g. À 3 mois : 4 kg. Adulte : 8 à 10 kg (mâle) 5 à 8 kg (femelle). • **Taille** : 36 à 40 cm (mâle), 34 à 38 cm (femelle). • **Origine** : Grande-Bretagne (îles Shetland). Il est issu de croisements entre le Colley, des chiens de baleiniers du Groenland et le Spitz.

Il a du chien

D'une grande beauté. Tête sculptée et jolies oreilles, ses yeux en amande brillent d'intelligence. Crinière et jabot, il est majestueux et doux. Ses membres antérieurs sont bien frangés. Souple et harmonieux, il possède un corps un peu plus long que haut, musclé et bien équilibré.

Le meilleur ami de l'homme

Doux et intelligent. Éveillé, solide et actif, il est affectueux envers son maître. Conducteur de troupeaux de moutons, il remplit à merveille sa mission de gardien, surtout s'il y a des enfants à la maison.

Groupe : 1. **Poil** : long, droit, dur ; sous-poil doux, court et fourni. **Couleurs** : zibeline, tricolore, bleu merle, noir et blanc, noir et feu.

Le Shih-Tzu

Moustachu et barbu, la tête toute ébouriffée,
il est nommé « chien chrysanthème ».

Carnet de naissance

• **Poids** : à la naissance : 200 g. À 3 mois : 2,9 kg. Adulte : 4,5 à 8,1 kg. • **Taille** : 26 cm. • **Origine** : Tibet. Issu d'un croisement entre le Lhassa Apso et le Pékinois, ce chien lion fut élevé par la dernière impératrice de Chine jusqu'en 1908.

Il a du chien

Tout en harmonie. Tête large et ronde, il a le museau carré et court. Ses yeux sont grands, ronds et sombres. Ses oreilles, portées tombantes, sont cachées par les poils de l'encolure. Sa frange trop longue nécessite d'être redressée par une attache. Il possède un corps assez long et trapu. La queue attachée haut est portée gaiement, sur le dos, en panache.

Le meilleur ami de l'homme

Extraverti. Indépendant et très actif, ce chien d'Asie est gai et d'un tempérament très doux. Il nécessite beaucoup d'affection et de tendresse. Intelligent, éveillé, il est apprécié des enfants.
Il reste de marbre devant les inconnus.

Groupe : 9. **Poil** : long, dense, mais pas bouclé ; bon sous-poil. **Couleurs** : toutes, liste blanche chez les pluricolores.

Le Siberian Husky

Gueule de loup et queue de renard,
il a les plus beaux yeux de la gent canine !

Carnet de naissance

• **Poids** : à la naissance : 320 g. À 3 mois : 11 kg. Adulte : 20,5 à 28 kg (mâle), 15,5 à 23 kg (femelle). • **Taille** : 53,5 à 60 cm (mâle), 50,5 à 56 cm (femelle). • **Origine** : Sibérie du Nord. Élevé initialement par les Esquimaux, il est enregistré au L.O.F. en 1973.

Il a du chien

D'une beauté fascinante. Avec son bout du nez ni pointu ni carré, ses yeux couleur bleu ciel ou terre brûlée et ses oreilles triangulaires, rapprochées, attachées haut, il a beaucoup de finesse et d'élégance. Ses membres costauds et musclés s'appuient sur des pieds solides et bien fourrés appelés « pieds raquettes ». Il a des coussinets bien résistants et rembourrés.

Le meilleur ami de l'homme

Puissant et rapide. Ce chien de traîneau considère son maître comme le chef de meute. Débordant de vitalité, c'est aussi un très bon chien de compagnie. Il s'épanouit dans le jeu des enfants et les promenades.

Groupe : 5. **Poil** : double, mi-long, bien fourni ; sous-poil dense et doux. **Couleurs** : toutes, du noir au blanc pur.

Le Spitz

Du caractère… Corps carré et museau pointu,
il a la voix aiguë.

Carnet de naissance

Nain, petit et moyen. • **Poids** : à la naissance : 180 à 200 g. À 3 mois : de 1,1 à 1,3 kg. Adulte : moins de 3, 5 kg à moins de 5 kg. • **Taille** : 18 à 38 cm. • **Origine** : Allemagne. Le Spitz, dit « Loulou de Poméranie », vit en Poméranie s'il est blanc et dans le Wurtemberg s'il est noir.

Il a du chien

Franges et culottes. Sa tête rappelle celle du renard, avec de petites oreilles très rapprochées, pointues, triangulaires et toujours dressées. La silhouette trapue, il a le ventre modérément relevé et s'appuie sur des pattes courtes et robustes. Il possède une abondante collerette et sa queue très touffue est rabattue vers l'avant et enroulée sur le dos.

Le meilleur ami de l'homme

Indépendant. Affectueux, parfois jaloux, il a un caractère affirmé. Il a le chic d'être sans odeur (même sous la pluie !). Dans le trio des Spitz, seul le petit s'adapte en appartement.

Groupe : 5. **Poil** : long, droit, écarté. **Couleurs** : noir, brun, blanc, orange, gris loup, bleu, crème, castor, tacheté sur fond blanc.

Le Teckel

L'esprit vif ! Poil ras, long et dur, le Teckel est formé d'un trio au nez fin.

Carnet de naissance

Kaninchen, nain, standard • **Poids** : à la naissance : 170 à 190 g. À 3 mois : 1 à 1,3 kg. Adulte : 3,5 kg, 4 kg, moins de 9 kg. • **Taille** : 26 à 37 cm. • **Origine** : Allemagne. Présent au Moyen Âge, il descend d'une forme bassette de chien courant germanique avec un ajout de Pinscher.

Il a du chien

En trois modèles. Il existe en trois tailles et trois poils, ras, dur, long. Tête fine, allongée, il a les yeux ovales, brun rouge à brun noir, et les oreilles attachées haut, plates et arrondies au bout. Il possède un corps long, a l'encolure musclée, les membres courts, musclés, les pieds larges et ronds.

Le meilleur ami de l'homme

Dynamique et gai. Robuste et courageux, ce chien indépendant est affectueux envers son maître, voire possessif. Il est parfois rebelle et réfractaire aux ordres. Pour protéger son maître adoré, il aboie à tue-tête.

Groupe : 4. **Poil** : ras (dru, plat), dur (serré avec souspoil) ou long (doux, plat). **Couleurs** : unicolore, bicolore ou arlequin (ras et long), toutes les teintes (dur).

Le Welsh Corgi

Royal… Œil vif et tête de renard, ce petit malin
est très réactif et charmant !

Carnet de naissance

• **Poids** : à la naissance : 220 g. À 3 mois : 5 kg. Adulte : 10 à 12 kg (mâle), 9 à 11 kg (femelle). • **Taille** : de 25 à 30 cm. • **Origine** : Grande-Bretagne. Il existe en deux variétés : Pembroke, favori du roi George VI, et Cardigan. Adorable chien de compagnie, il excelle en chien d'assistance des handicapés.

Il a du chien

Tête de renard. Tête, oreilles et queue de renard, il a le crâne large et plat, le museau pointu. Ses yeux, ronds et foncés, brillent d'intelligence. Il possède un corps massif, d'une forte ossature. Ses membres sont droits et courts, la queue bien fournie. Il porte une robe avec ou sans panachures.

Le meilleur ami de l'homme

Un petit génie ! Toujours en éveil, ce petit chien actif et robuste est dur à la tâche. Très fidèle et doux, c'est un compagnon de charme, au regard empli de douceur, jamais agressif lorsqu'il garde la maison.

Groupe : 1. **Poil** : droit et fourni ; sous-poil épais.
Couleurs : toutes chez le Cardigan, uniforme chez le Pembroke (rouge, fauve charbonné, fauve noir et feu).

Le Westie

Blanc comme neige, tête ronde et queue droite,
c'est un gai luron !

Carnet de naissance

• **Poids** : à la naissance : 160 g. À 3 mois : 2,6 kg. Adulte : 6 à 8 kg. • **Taille** : 28 cm. • **Origine** : Grande-Bretagne. Il chasse la loutre et le blaireau en Écosse à l'ouest des Highlands, d'où son nom complet West Highland White Terrier. Il fut reconnu aux États-Unis en 1909 et par le Kennel Club en 1906.

Il a du chien

Immaculé. Petites oreilles, truffe ronde et noire, assortie à des yeux de jais et tête ronde, il a de lourdes arcades sourcilières, des mâchoires fortes... Son cou est musclé, sa poitrine bien descendue. Il porte une queue au poil dur, aussi droite que possible, portée fièrement mais pas recourbée sur le dos.

Le meilleur ami de l'homme

Actif et plein d'allant. « Rustique, pourvu d'une bonne dose d'amour-propre, avec un air fripon »... Ainsi est-il décrit dans le standard. D'un tempérament vif, gai, courageux, indépendant mais affectueux, on le dit capable de sourire... lorsqu'il retrousse les babines.

Groupe : 3. **Poil** : dur, sans boucles ; sous-poil court, doux, serré. **Couleur** : blanc.

Le Yorkshire

Un mini Terrier au salon… Robe longue et droite,
raie au milieu, il a fière allure !

Carnet de naissance

• **Poids** : à la naissance : 108 g. À 3 mois : 1 kg. Adulte : jusqu'à 3 kg. • **Taille** : 20 cm. • **Origine** : Grande-Bretagne. Issu des terriers d'Écosse qui ont migré de Glasgow au comté de York, il est introduit aux États-Unis en 1880.

Il a du chien

Joli et raffiné. Il a les oreilles petites et pas trop écartées, les mâchoires d'équerre et l'articulation en ciseaux parfaite. Ses yeux foncés brillent de finesse. Tout comme le bord des paupières, assortis à sa truffe noire, il porte une robe longue, qui tombe jusqu'aux pieds, droite, sans la moindre ondulation. Il se tient parfaitement droit.

Le meilleur ami de l'homme

Vif comme l'éclair. Apte à comprendre tout ce qu'on lui dit, ce chien est loyal et droit. Un peu cabochard, il voudrait être le petit dernier de la famille. Plein d'entrain et courageux, il déborde d'affection pour ses maîtres.

Groupe : 3. **Poil** : long et lisse, texture fine et soyeuse, non laineuse. **Couleurs** : bleu acier foncé, fauve intense sur le poitrail.

Questions/réponses

*Comment acheter un chien ? Comment vivre avec ?
Et peut-on le présenter en exposition ?*

- **Où acheter votre chien ?** La Société centrale canine (S. C. C.), équivalent d'une institution gouvernementale pour les chiens de races, communique les adresses des clubs de races, lesquels vous mettront en relation avec différents élevages. L'éleveur professionnel connaît les caractéristiques d'une race, physiques et comportementales. Vous pouvez aussi choisir un chien de race dans un refuge afin de lui donner une seconde chance.

- **Quelle est la particularité d'un chien de race ?** Ce chien a un pedigree, à la différence du chien bâtard (né d'un parent de race et d'un autre sans race) ou du corniaud (né de deux parents sans race).

- **Que faire si vous achetez un chien de race qui a un défaut ?** Selon la loi du 22 juin 1989, le vice rédhibitoire, décelé et constaté par un vétérinaire, permet à l'acquéreur de faire valoir ses droits (remboursement des frais d'achat). Le délai est de 8 jours pour la maladie de Carré, 6 jours pour l'hépatite de Rubarth et 5 jours pour la parvovirose (voir pages 14-15). L'atrophie rétinienne peut être détectée plus tôt. La dysplasie coxofémorale (déformation de la hanche) n'est visible qu'à 6 mois, à l'instar de l'ectopie testiculaire (testicule en position anormale).

• **Comment présenter votre chien en exposition ?** On met son chien en position statique : à genoux, levez d'une main la tête du chien avec la laisse et relevez-lui la queue de l'autre main. Après un tour du ring, faites marcher le chien seul en triangle (la démarche vue de profil) et en aller-retour (parallélisme de la démarche avant et arrière).

• **Comment s'opère la sélection ?** En finale, les quatre meilleurs candidats défilent deux par deux ou seuls. Le lauréat est jugé par trois personnes qui occupent le ring : le juge, le secrétaire et le commissaire.

• **Comment votre chien peut-il devenir champion ?** Un champion de France obtient trois C.A.C.S. (Certificat d'aptitude au Championnat de conformité au standard) décernés par trois juges différents :
- un C.A.C.S. au Championnat de France ou à la Nationale d'élevage ;
- un C.A.C.S. dans une Spéciale (exposition du Club de la race) ;
- un C.A.C.S. dans une exposition internationale.